> If you ask me what I came into this life
> to do I will tell you: I came to live out
>
> # L O U D.
>
> - *Émile Zola*

THIS BOOK BELONGS TO:

&

_____

Our Bucket List

01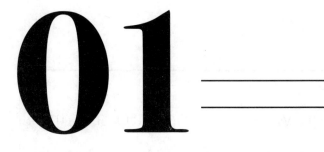

WE WANT TO DO THIS BECAUSE _____
_____

TO MAKE THIS HAPPEN WE NEED TO _____
_____

─── LET'S DO THIS ───

DATE COMPLETED _____ LOCATION _____
THE STORY _____
_____
_____
_____
_____
_____
_____

THE BEST PART _____
_____
_____

WHAT WE LEARNED _____
_____
_____

02

_____

_____

WE WANT TO DO THIS BECAUSE _____

_____

TO MAKE THIS HAPPEN WE NEED TO _____

_____

— LET'S DO THIS —————————————

DATE COMPLETED _____ LOCATION _____

THE STORY _____

_____

_____

_____

_____

_____

_____

THE BEST PART _____

_____

_____

_____

WHAT WE LEARNED _____

_____

_____

_____

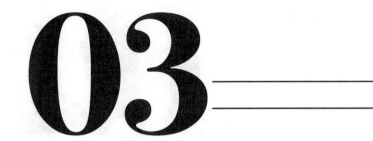

WE WANT TO DO THIS BECAUSE _____
_____

TO MAKE THIS HAPPEN WE NEED TO _____
_____

—— LET'S DO THIS ——

DATE COMPLETED _____ LOCATION _____
THE STORY _____
_____
_____
_____
_____
_____
_____
_____

THE BEST PART _____
_____
_____
_____

WHAT WE LEARNED _____
_____
_____
_____

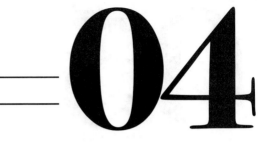

WE WANT TO DO THIS BECAUSE _____
_____

TO MAKE THIS HAPPEN WE NEED TO _____
_____

—— LET'S DO THIS ——

DATE COMPLETED _____ LOCATION _____
THE STORY _____
_____
_____
_____
_____
_____
_____

THE BEST PART _____
_____
_____

WHAT WE LEARNED _____
_____
_____

05

WE WANT TO DO THIS BECAUSE _____
_____

TO MAKE THIS HAPPEN WE NEED TO _____
_____

———— LET'S DO THIS ————

DATE COMPLETED _____ LOCATION _____
THE STORY _____
_____
_____
_____
_____
_____
_____

THE BEST PART _____
_____
_____

WHAT WE LEARNED _____
_____
_____
_____

06

_____

_____

WE WANT TO DO THIS BECAUSE _____

_____

TO MAKE THIS HAPPEN WE NEED TO _____

_____

— LET'S DO THIS —

DATE COMPLETED _____ LOCATION _____

THE STORY _____

_____

_____

_____

_____

_____

_____

_____

THE BEST PART _____

_____

_____

_____

WHAT WE LEARNED _____

_____

_____

_____

07 _____
_____

WE WANT TO DO THIS BECAUSE _____
_____

TO MAKE THIS HAPPEN WE NEED TO _____
_____

—— LET'S DO THIS ——

DATE COMPLETED _____ LOCATION _____

THE STORY _____
_____
_____
_____
_____
_____
_____

THE BEST PART _____
_____
_____
_____

WHAT WE LEARNED _____
_____
_____
_____

_____

_____

WE WANT TO DO THIS BECAUSE _____

_____

TO MAKE THIS HAPPEN WE NEED TO _____

_____

—— LET'S DO THIS ——

DATE COMPLETED _____ LOCATION _____

THE STORY _____

_____

_____

_____

_____

_____

_____

_____

THE BEST PART _____

_____

_____

WHAT WE LEARNED _____

_____

_____

_____

09

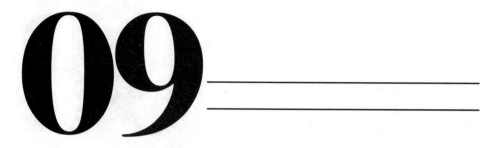

WE WANT TO DO THIS BECAUSE _____

_____

TO MAKE THIS HAPPEN WE NEED TO _____

_____

——— LET'S DO THIS ———

DATE COMPLETED _____ LOCATION _____

THE STORY _____

_____

_____

_____

_____

_____

_____

THE BEST PART _____

_____

_____

WHAT WE LEARNED _____

_____

_____

_____

10

_____

_____

WE WANT TO DO THIS BECAUSE _____

_____

TO MAKE THIS HAPPEN WE NEED TO _____

_____

——— LET'S DO THIS ———

DATE COMPLETED _____ LOCATION _____

THE STORY _____

_____

_____

_____

_____

_____

_____

_____

_____

THE BEST PART _____

_____

_____

_____

WHAT WE LEARNED _____

_____

_____

_____

11 _____
_____

WE WANT TO DO THIS BECAUSE _____
_____

TO MAKE THIS HAPPEN WE NEED TO _____
_____

—— LET'S DO THIS ——

DATE COMPLETED _____ LOCATION _____
THE STORY _____
_____
_____
_____
_____
_____
_____

THE BEST PART _____
_____
_____

WHAT WE LEARNED _____
_____
_____

12

_____
_____

WE WANT TO DO THIS BECAUSE _____
_____

TO MAKE THIS HAPPEN WE NEED TO _____
_____

—— LET'S DO THIS ——

DATE COMPLETED _____ LOCATION _____

THE STORY _____
_____
_____
_____
_____
_____
_____
_____

THE BEST PART _____
_____
_____

WHAT WE LEARNED _____
_____
_____

13 _____

WE WANT TO DO THIS BECAUSE _____
_____

TO MAKE THIS HAPPEN WE NEED TO _____
_____

—— LET'S DO THIS ——

DATE COMPLETED _____ LOCATION _____
THE STORY _____
_____
_____
_____
_____
_____

THE BEST PART _____
_____
_____

WHAT WE LEARNED _____
_____
_____

_____
_____

WE WANT TO DO THIS BECAUSE _____
_____

TO MAKE THIS HAPPEN WE NEED TO _____
_____

— LET'S DO THIS —————————

DATE COMPLETED _____ LOCATION _____

THE STORY_____
_____
_____
_____
_____
_____
_____
_____

THE BEST PART_____
_____
_____
_____

WHAT WE LEARNED _____
_____
_____
_____

15 _____
_____

WE WANT TO DO THIS BECAUSE _____
_____

TO MAKE THIS HAPPEN WE NEED TO _____
_____

— LET'S DO THIS ——————

DATE COMPLETED _____ LOCATION _____

THE STORY _____
_____
_____
_____
_____
_____
_____

THE BEST PART _____
_____
_____
_____

WHAT WE LEARNED _____
_____
_____
_____

16

WE WANT TO DO THIS BECAUSE _____

_____

TO MAKE THIS HAPPEN WE NEED TO _____

_____

— LET'S DO THIS —

DATE COMPLETED _____ LOCATION _____

THE STORY _____

_____

_____

_____

_____

_____

_____

_____

THE BEST PART _____

_____

_____

WHAT WE LEARNED _____

_____

_____

17

_____
_____

WE WANT TO DO THIS BECAUSE _____
_____

TO MAKE THIS HAPPEN WE NEED TO _____
_____

——— LET'S DO THIS ———

DATE COMPLETED _____ LOCATION _____
THE STORY _____
_____
_____
_____
_____
_____
_____

THE BEST PART _____
_____
_____

WHAT WE LEARNED _____
_____
_____
_____

18

_____

WE WANT TO DO THIS BECAUSE _____
_____

TO MAKE THIS HAPPEN WE NEED TO _____
_____

— LET'S DO THIS —

DATE COMPLETED _____ LOCATION _____

THE STORY _____
_____
_____
_____
_____
_____
_____
_____

THE BEST PART _____
_____
_____

WHAT WE LEARNED _____
_____
_____

19 _____
_____

WE WANT TO DO THIS BECAUSE _____
_____

TO MAKE THIS HAPPEN WE NEED TO _____
_____

—— LET'S DO THIS ——

DATE COMPLETED _____ LOCATION _____

THE STORY _____
_____
_____
_____
_____
_____
_____
_____
_____

THE BEST PART _____
_____
_____
_____

WHAT WE LEARNED _____
_____
_____
_____

20 _____

WE WANT TO DO THIS BECAUSE _____
_____

TO MAKE THIS HAPPEN WE NEED TO _____
_____

—— LET'S DO THIS ——

DATE COMPLETED _____ LOCATION _____
THE STORY _____
_____
_____
_____
_____
_____
_____
_____

THE BEST PART _____
_____
_____
_____

WHAT WE LEARNED _____
_____
_____
_____

21 _____
_____

WE WANT TO DO THIS BECAUSE _____
_____

TO MAKE THIS HAPPEN WE NEED TO _____
_____

—— LET'S DO THIS ——

DATE COMPLETED _____ LOCATION _____

THE STORY _____
_____
_____
_____
_____
_____
_____
_____

THE BEST PART _____
_____
_____
_____

WHAT WE LEARNED _____
_____
_____
_____

22

_____

_____

WE WANT TO DO THIS BECAUSE _____

_____

TO MAKE THIS HAPPEN WE NEED TO _____

_____

—— LET'S DO THIS ——

DATE COMPLETED _____ LOCATION _____

THE STORY _____

_____

_____

_____

_____

_____

_____

_____

_____

THE BEST PART _____

_____

_____

_____

WHAT WE LEARNED _____

_____

_____

_____

23 _____
_____

WE WANT TO DO THIS BECAUSE _____
_____

TO MAKE THIS HAPPEN WE NEED TO _____
_____

—— LET'S DO THIS ——

DATE COMPLETED _____ LOCATION _____
THE STORY _____
_____
_____
_____
_____
_____
_____
_____

THE BEST PART _____
_____
_____
_____

WHAT WE LEARNED _____
_____
_____
_____

_____ **24**

WE WANT TO DO THIS BECAUSE _____
_____

TO MAKE THIS HAPPEN WE NEED TO _____
_____

—— **LET'S DO THIS** ——

DATE COMPLETED _____ LOCATION _____
THE STORY _____
_____
_____
_____
_____
_____
_____
_____

THE BEST PART _____
_____
_____

WHAT WE LEARNED _____
_____
_____
_____

25 _____

WE WANT TO DO THIS BECAUSE _____
_____

TO MAKE THIS HAPPEN WE NEED TO _____
_____

—— LET'S DO THIS ——

DATE COMPLETED _____ LOCATION _____
THE STORY _____
_____
_____
_____
_____
_____
_____
_____

THE BEST PART_____
_____
_____

WHAT WE LEARNED _____
_____
_____
_____

26

_____

WE WANT TO DO THIS BECAUSE _____

TO MAKE THIS HAPPEN WE NEED TO _____

——— LET'S DO THIS ———

DATE COMPLETED _____ LOCATION _____

THE STORY _____

_____

THE BEST PART _____

_____

WHAT WE LEARNED _____

_____

life is either a daring adventure or nothing at all.

- Hellen Keller

27 _____
_____

WE WANT TO DO THIS BECAUSE _____
_____

TO MAKE THIS HAPPEN WE NEED TO _____
_____

—— LET'S DO THIS ——

DATE COMPLETED _____ LOCATION _____
THE STORY _____
_____
_____
_____
_____
_____
_____
_____

THE BEST PART _____
_____
_____

WHAT WE LEARNED _____
_____
_____
_____

28

WE WANT TO DO THIS BECAUSE _____

_____

TO MAKE THIS HAPPEN WE NEED TO _____

_____

— LET'S DO THIS —

DATE COMPLETED _____ LOCATION _____

THE STORY _____

_____

_____

_____

_____

_____

_____

_____

THE BEST PART _____

_____

_____

WHAT WE LEARNED _____

_____

_____

_____

29 _____
_____

WE WANT TO DO THIS BECAUSE _____
_____

TO MAKE THIS HAPPEN WE NEED TO _____
_____

—— LET'S DO THIS ——————

DATE COMPLETED _____ LOCATION _____
THE STORY _____
_____
_____
_____
_____
_____
_____

THE BEST PART _____
_____
_____

WHAT WE LEARNED _____
_____
_____
_____

30

_____

_____

WE WANT TO DO THIS BECAUSE _____
_____

TO MAKE THIS HAPPEN WE NEED TO _____
_____

——— LET'S DO THIS ———

DATE COMPLETED _____ LOCATION _____

THE STORY _____
_____
_____
_____
_____
_____
_____
_____

THE BEST PART _____
_____
_____

WHAT WE LEARNED _____
_____
_____
_____

31 _____
_____

WE WANT TO DO THIS BECAUSE _____
_____

TO MAKE THIS HAPPEN WE NEED TO _____
_____

——— LET'S DO THIS ———

DATE COMPLETED _____ LOCATION _____
THE STORY _____
_____
_____
_____
_____
_____
_____
_____

THE BEST PART _____
_____
_____

WHAT WE LEARNED _____
_____
_____
_____

32

WE WANT TO DO THIS BECAUSE _____
_____

TO MAKE THIS HAPPEN WE NEED TO _____
_____

—— LET'S DO THIS ——————

DATE COMPLETED _____ LOCATION _____
THE STORY _____
_____
_____
_____
_____
_____
_____

THE BEST PART _____
_____
_____

WHAT WE LEARNED _____
_____
_____
_____

33 _____
_____

WE WANT TO DO THIS BECAUSE _____
_____

TO MAKE THIS HAPPEN WE NEED TO _____
_____

—— LET'S DO THIS ——

DATE COMPLETED _____ LOCATION _____

THE STORY _____
_____
_____
_____
_____
_____
_____

THE BEST PART _____
_____
_____

WHAT WE LEARNED _____
_____
_____

34

WE WANT TO DO THIS BECAUSE _____
_____

TO MAKE THIS HAPPEN WE NEED TO _____
_____

— LET'S DO THIS —

DATE COMPLETED _____ LOCATION _____
THE STORY _____
_____
_____
_____
_____
_____
_____

THE BEST PART _____
_____
_____

WHAT WE LEARNED _____
_____
_____
_____

35 _____
_____

WE WANT TO DO THIS BECAUSE _____
_____

TO MAKE THIS HAPPEN WE NEED TO _____
_____

—— LET'S DO THIS ——

DATE COMPLETED _____ LOCATION _____

THE STORY _____
_____
_____
_____
_____
_____
_____

THE BEST PART _____
_____
_____

WHAT WE LEARNED _____
_____
_____
_____

36

WE WANT TO DO THIS BECAUSE _____
_____

TO MAKE THIS HAPPEN WE NEED TO _____
_____

—— LET'S DO THIS ——

DATE COMPLETED _____ LOCATION _____
THE STORY _____
_____
_____
_____
_____
_____
_____
_____

THE BEST PART _____
_____
_____
_____

WHAT WE LEARNED _____
_____
_____
_____

37 _____
_____

WE WANT TO DO THIS BECAUSE _____
_____

TO MAKE THIS HAPPEN WE NEED TO _____
_____

—— LET'S DO THIS ——

DATE COMPLETED _____ LOCATION _____
THE STORY _____
_____
_____
_____
_____
_____
_____
_____

THE BEST PART _____
_____
_____

WHAT WE LEARNED _____
_____
_____
_____

38

WE WANT TO DO THIS BECAUSE _____

_____

TO MAKE THIS HAPPEN WE NEED TO _____

_____

—— LET'S DO THIS ——

DATE COMPLETED _____ LOCATION _____

THE STORY _____

_____

_____

_____

_____

_____

_____

THE BEST PART _____

_____

_____

_____

WHAT WE LEARNED _____

_____

_____

_____

39 _____
_____

WE WANT TO DO THIS BECAUSE _____
_____

TO MAKE THIS HAPPEN WE NEED TO _____
_____

—— LET'S DO THIS ——

DATE COMPLETED _____ LOCATION _____

THE STORY _____
_____
_____
_____
_____
_____
_____
_____

THE BEST PART _____
_____
_____

WHAT WE LEARNED _____
_____
_____
_____

—————————————————— **40**

WE WANT TO DO THIS BECAUSE _____
_____

TO MAKE THIS HAPPEN WE NEED TO _____
_____

—— LET'S DO THIS ——————————

DATE COMPLETED _____ LOCATION _____
THE STORY _____
_____
_____
_____
_____
_____
_____
_____

THE BEST PART _____
_____
_____
_____

WHAT WE LEARNED _____
_____
_____
_____

WE WANT TO DO THIS BECAUSE _____
_____

TO MAKE THIS HAPPEN WE NEED TO _____
_____

—— LET'S DO THIS ————————

DATE COMPLETED _____ LOCATION _____
THE STORY _____
_____
_____
_____
_____
_____
_____

THE BEST PART _____
_____
_____
_____

WHAT WE LEARNED _____
_____
_____
_____

_____

WE WANT TO DO THIS BECAUSE _____
_____

TO MAKE THIS HAPPEN WE NEED TO _____
_____

——— LET'S DO THIS ———

DATE COMPLETED _____ LOCATION _____
THE STORY _____
_____
_____
_____
_____
_____
_____
_____

THE BEST PART _____
_____
_____

WHAT WE LEARNED _____
_____
_____
_____

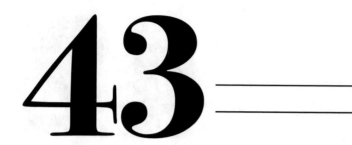
43 _____
_____

WE WANT TO DO THIS BECAUSE _____
_____

TO MAKE THIS HAPPEN WE NEED TO _____
_____

——— LET'S DO THIS ———

DATE COMPLETED _____ LOCATION _____
THE STORY _____
_____
_____
_____
_____
_____
_____
_____

THE BEST PART _____
_____
_____

WHAT WE LEARNED _____
_____
_____
_____

_____

_____

WE WANT TO DO THIS BECAUSE _____

_____

TO MAKE THIS HAPPEN WE NEED TO _____

_____

——— LET'S DO THIS ———

DATE COMPLETED _____ LOCATION _____

THE STORY _____

_____

_____

_____

_____

_____

_____

_____

THE BEST PART _____

_____

_____

_____

WHAT WE LEARNED _____

_____

_____

_____

45

_____

_____

WE WANT TO DO THIS BECAUSE _____

_____

TO MAKE THIS HAPPEN WE NEED TO _____

_____

── LET'S DO THIS ──────────

DATE COMPLETED _____ LOCATION _____

THE STORY _____

_____

_____

_____

_____

_____

_____

THE BEST PART _____

_____

_____

_____

WHAT WE LEARNED _____

_____

_____

_____

46

WE WANT TO DO THIS BECAUSE _____
_____

TO MAKE THIS HAPPEN WE NEED TO _____
_____

— LET'S DO THIS —————————————

DATE COMPLETED _____ LOCATION _____
THE STORY _____
_____
_____
_____
_____
_____
_____

THE BEST PART _____
_____
_____

WHAT WE LEARNED _____
_____
_____

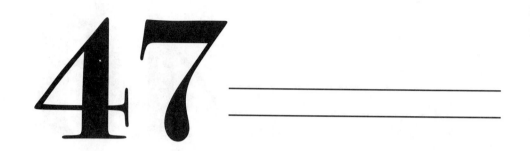

47 _____

WE WANT TO DO THIS BECAUSE _____
_____

TO MAKE THIS HAPPEN WE NEED TO _____
_____

—— LET'S DO THIS ——

DATE COMPLETED _____ LOCATION _____
THE STORY _____
_____
_____
_____
_____
_____
_____

THE BEST PART _____
_____
_____

WHAT WE LEARNED _____
_____
_____
_____

48

WE WANT TO DO THIS BECAUSE _____

_____

TO MAKE THIS HAPPEN WE NEED TO _____

_____

——— LET'S DO THIS ———

DATE COMPLETED _____ LOCATION _____

THE STORY _____

_____

_____

_____

_____

_____

_____

THE BEST PART _____

_____

_____

WHAT WE LEARNED _____

_____

_____

_____

49 _____
_____

WE WANT TO DO THIS BECAUSE _____
_____

TO MAKE THIS HAPPEN WE NEED TO _____
_____

—— LET'S DO THIS ——

DATE COMPLETED _____ LOCATION _____
THE STORY _____
_____
_____
_____
_____
_____
_____

THE BEST PART _____
_____
_____

WHAT WE LEARNED _____
_____
_____
_____

50

WE WANT TO DO THIS BECAUSE _____

_____

TO MAKE THIS HAPPEN WE NEED TO _____

_____

— LET'S DO THIS —

DATE COMPLETED _____ LOCATION _____

THE STORY _____

_____

_____

_____

_____

_____

_____

THE BEST PART _____

_____

_____

WHAT WE LEARNED _____

_____

_____

_____

Nothing is impossible, the word itself says I'm possible!

- *Audrey Hepburn*

51

_____

WE WANT TO DO THIS BECAUSE _____
_____

TO MAKE THIS HAPPEN WE NEED TO _____
_____

—— LET'S DO THIS ——

DATE COMPLETED _____ LOCATION _____
THE STORY _____
_____
_____
_____
_____
_____
_____

THE BEST PART _____
_____
_____

WHAT WE LEARNED _____
_____
_____
_____

52

WE WANT TO DO THIS BECAUSE _____
_____

TO MAKE THIS HAPPEN WE NEED TO _____
_____

—— LET'S DO THIS ————————

DATE COMPLETED _____ LOCATION _____

THE STORY _____
_____
_____
_____
_____
_____
_____
_____

THE BEST PART _____
_____
_____
_____

WHAT WE LEARNED _____
_____
_____
_____

53 _____

WE WANT TO DO THIS BECAUSE _____
_____

TO MAKE THIS HAPPEN WE NEED TO _____
_____

— LET'S DO THIS —

DATE COMPLETED _____ LOCATION _____

THE STORY _____
_____
_____
_____
_____
_____
_____
_____

THE BEST PART _____
_____
_____

WHAT WE LEARNED _____
_____
_____

54

_____

WE WANT TO DO THIS BECAUSE _____

TO MAKE THIS HAPPEN WE NEED TO _____

—— LET'S DO THIS ——

DATE COMPLETED _____ LOCATION _____

THE STORY _____

_____

_____

_____

_____

_____

THE BEST PART _____

_____

_____

WHAT WE LEARNED _____

_____

_____

55 _____
_____

WE WANT TO DO THIS BECAUSE _____
_____

TO MAKE THIS HAPPEN WE NEED TO _____
_____

—— LET'S DO THIS ——

DATE COMPLETED _____ LOCATION _____
THE STORY _____
_____
_____
_____
_____
_____
_____
_____

THE BEST PART _____
_____
_____

WHAT WE LEARNED _____
_____
_____
_____

56

WE WANT TO DO THIS BECAUSE _____
_____

TO MAKE THIS HAPPEN WE NEED TO _____
_____

—— LET'S DO THIS ——

DATE COMPLETED _____ LOCATION _____
THE STORY _____
_____
_____
_____
_____
_____

THE BEST PART _____
_____
_____

WHAT WE LEARNED _____
_____
_____

57 _____

WE WANT TO DO THIS BECAUSE _____

_____

TO MAKE THIS HAPPEN WE NEED TO _____

_____

——— LET'S DO THIS ———

DATE COMPLETED _____ LOCATION _____

THE STORY _____

_____

_____

_____

_____

_____

_____

THE BEST PART _____

_____

_____

WHAT WE LEARNED _____

_____

_____

_____

58

WE WANT TO DO THIS BECAUSE _____

_____

TO MAKE THIS HAPPEN WE NEED TO _____

_____

—— LET'S DO THIS ——————

DATE COMPLETED _____ LOCATION _____

THE STORY _____

_____

_____

_____

_____

_____

_____

_____

THE BEST PART_____

_____

_____

_____

WHAT WE LEARNED _____

_____

_____

_____

59 _____

WE WANT TO DO THIS BECAUSE _____
_____

TO MAKE THIS HAPPEN WE NEED TO _____
_____

—— LET'S DO THIS ——

DATE COMPLETED _____ LOCATION _____
THE STORY _____
_____
_____
_____
_____
_____
_____
_____

THE BEST PART _____
_____
_____
_____

WHAT WE LEARNED _____
_____
_____
_____

60

_____

_____

WE WANT TO DO THIS BECAUSE _____

_____

TO MAKE THIS HAPPEN WE NEED TO _____

_____

— LET'S DO THIS —

DATE COMPLETED _____ LOCATION _____

THE STORY _____

_____

_____

_____

_____

_____

_____

_____

THE BEST PART _____

_____

_____

_____

WHAT WE LEARNED _____

_____

_____

_____

61 _____
_____

WE WANT TO DO THIS BECAUSE _____
_____

TO MAKE THIS HAPPEN WE NEED TO _____
_____

——— LET'S DO THIS ———

DATE COMPLETED _____ LOCATION _____
THE STORY _____
_____
_____
_____
_____
_____
_____
_____

THE BEST PART _____
_____
_____

WHAT WE LEARNED _____
_____
_____
_____

62

_____

_____

WE WANT TO DO THIS BECAUSE _____

_____

TO MAKE THIS HAPPEN WE NEED TO _____

_____

── LET'S DO THIS ──

DATE COMPLETED _____ LOCATION _____

THE STORY _____

_____

_____

_____

_____

_____

_____

_____

THE BEST PART _____

_____

_____

_____

WHAT WE LEARNED _____

_____

_____

_____

63

WE WANT TO DO THIS BECAUSE _____
_____

TO MAKE THIS HAPPEN WE NEED TO _____
_____

——— LET'S DO THIS ———

DATE COMPLETED _____ LOCATION _____
THE STORY _____
_____
_____
_____
_____
_____
_____
_____

THE BEST PART _____
_____
_____
_____

WHAT WE LEARNED _____
_____
_____
_____

64

WE WANT TO DO THIS BECAUSE _____

_____

TO MAKE THIS HAPPEN WE NEED TO _____

_____

—— LET'S DO THIS ——

DATE COMPLETED _____ LOCATION _____

THE STORY _____

_____

_____

_____

_____

_____

_____

THE BEST PART _____

_____

_____

_____

WHAT WE LEARNED _____

_____

_____

_____

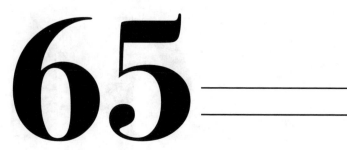

65 _____

WE WANT TO DO THIS BECAUSE _____
_____

TO MAKE THIS HAPPEN WE NEED TO _____
_____

——— LET'S DO THIS ———

DATE COMPLETED _____ LOCATION _____
THE STORY _____
_____
_____
_____
_____
_____
_____

THE BEST PART_____
_____
_____

WHAT WE LEARNED _____
_____
_____
_____

_____
_____

WE WANT TO DO THIS BECAUSE _____
_____

TO MAKE THIS HAPPEN WE NEED TO _____
_____

—— LET'S DO THIS ——

DATE COMPLETED _____ LOCATION _____
THE STORY _____
_____
_____
_____
_____
_____
_____
_____

THE BEST PART _____
_____
_____
_____

WHAT WE LEARNED _____
_____
_____
_____

67  _____

WE WANT TO DO THIS BECAUSE _____
_____

TO MAKE THIS HAPPEN WE NEED TO _____
_____

——— LET'S DO THIS ———

DATE COMPLETED _____ LOCATION _____
THE STORY _____
_____
_____
_____
_____
_____
_____

THE BEST PART _____
_____
_____
_____

WHAT WE LEARNED _____
_____
_____
_____

68

_____

_____

WE WANT TO DO THIS BECAUSE _____

_____

TO MAKE THIS HAPPEN WE NEED TO _____

_____

—— LET'S DO THIS ——

DATE COMPLETED _____ LOCATION _____

THE STORY _____

_____

_____

_____

_____

_____

_____

THE BEST PART _____

_____

_____

WHAT WE LEARNED _____

_____

_____

_____

69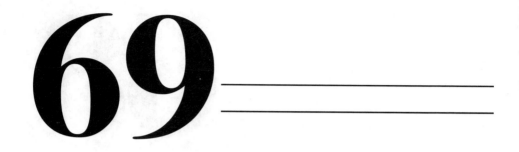

WE WANT TO DO THIS BECAUSE _____

_____

TO MAKE THIS HAPPEN WE NEED TO _____

_____

—— LET'S DO THIS ——

DATE COMPLETED _____ LOCATION _____

THE STORY _____

_____

_____

_____

_____

_____

_____

_____

THE BEST PART _____

_____

_____

_____

WHAT WE LEARNED _____

_____

_____

_____

_____

_____

WE WANT TO DO THIS BECAUSE _____

_____

TO MAKE THIS HAPPEN WE NEED TO _____

_____

——— LET'S DO THIS ———

DATE COMPLETED _____ LOCATION _____

THE STORY _____

_____

_____

_____

_____

_____

_____

THE BEST PART _____

_____

_____

WHAT WE LEARNED _____

_____

_____

71

_____
_____

WE WANT TO DO THIS BECAUSE _____
_____

TO MAKE THIS HAPPEN WE NEED TO _____
_____

—— LET'S DO THIS ——

DATE COMPLETED _____ LOCATION _____
THE STORY _____
_____
_____
_____
_____
_____
_____
_____

THE BEST PART _____
_____
_____

WHAT WE LEARNED _____
_____
_____

_____

72

_____

WE WANT TO DO THIS BECAUSE _____

_____

TO MAKE THIS HAPPEN WE NEED TO _____

_____

—— LET'S DO THIS ——

DATE COMPLETED _____ LOCATION _____

THE STORY _____

_____

_____

_____

_____

_____

_____

_____

_____

THE BEST PART _____

_____

_____

_____

WHAT WE LEARNED _____

_____

_____

_____

73 _____
_____

WE WANT TO DO THIS BECAUSE _____
_____

TO MAKE THIS HAPPEN WE NEED TO _____
_____

——— LET'S DO THIS ———

DATE COMPLETED _____ LOCATION _____

THE STORY _____
_____
_____
_____
_____
_____
_____

THE BEST PART _____
_____
_____
_____

WHAT WE LEARNED _____
_____
_____
_____

WE WANT TO DO THIS BECAUSE _____
_____

TO MAKE THIS HAPPEN WE NEED TO _____
_____

—— LET'S DO THIS ——

DATE COMPLETED _____ LOCATION _____
THE STORY _____
_____
_____
_____
_____
_____
_____
_____

THE BEST PART _____
_____
_____
_____

WHAT WE LEARNED _____
_____
_____
_____

75 _____
_____

WE WANT TO DO THIS BECAUSE _____
_____

TO MAKE THIS HAPPEN WE NEED TO _____
_____

—— LET'S DO THIS ——

DATE COMPLETED _____ LOCATION _____
THE STORY _____
_____
_____
_____
_____
_____
_____

THE BEST PART _____
_____
_____

WHAT WE LEARNED _____
_____
_____
_____

If you can dream it, you can do it.

– Walt Disney